MIS FINANZAS INTEGRALES

*Logra tu sueños de Libertad
Financiera a través del
manejo integral de tu dinero.*

Yenny Mandola

Tabla de Contenido:

Introducción
Capítulo 1. La Mente
Capítulo 2. Metas
Capítulo 3. Mi inventario financiero
Capítulo 4. Presupuesto
Capítulo 5. Ejecución del Presupuesto
Capítulo 6. Presupuesto - Evalúa y Repite.
Capítulo 7. Ahorro y Crédito
Capítulo 8. Diversificando Ingresos. El camino hacia la
Libertad Financiera
Conclusión

INTRODUCCIÓN

Querida amiga, gracias por darte la oportunidad de aprender más a fondo sobre las finanzas personales, gracias aún mas por hacerlo conmigo!

No se tú, pero yo un día decidí que no me quiero gastar el resto de mi vida trabajando apenas para sobrevivir. Este ha sido mi motor por los últimos años y espero que esa también sea la razón por la que estás leyendo este libro en este momento. Por que sabes que quieres y mereces más! Por que sabes que es posible para ti y por que quieres educarte y crecer para cambiar tu vida de una vez por todas.

Lo que NO es este libro: Este libro no te pinta ideas de a donde puedes llegar si tuvieras esto a lo otro. Tampoco te va a vender ningún producto, ni la idea de hacerte rico fácil ☺ Bueno lo único que me interesa venderte es a ti, quiero que creas en ti, deseo que te comprometas a cambiar tu hábitos en relación al dinero y que te comprometas a darle un nuevo rumbo a tu vida, uno que te lleve al éxito financiero! Eso si te quiero vender!!!

Lo que SI es este libro: El objetivo de este libro es ayudarte a mejorar tu condición de vida desde donde estás y con lo que tienes ahora. Para lograr este objetivo necesitas realizar un estudio profundo de tu situación financiera actual para luego tomar acción.

Con este libro, es mi mayor deseo ayudarte a

crear bases sólidas y que adquieras el conocimiento financiero que te sirva para toda la vida. **Si deseas obtener el mayor beneficio con este libro pausa cada vez que te invite a hacer una actividad y complétala antes de seguir leyendo.**

Por qué las bases Financiera son importantes? A excepción de contados casos, la mayoría de nosotros tenemos que aprender a gatear antes de caminar. Al gatear estamos fortaleciendo el cuerpo y preparándolo para caminar y correr. Cuando la base es sólida la practica vendrá a ti con facilidad, si te vas directamente a correr, te darás de golpes contra el mundo por que no estas preparado.

La gran mayoría de las personas no están preparadas para manejar sus finanzas, NO es culpa de nadie en particular; simplemente es que en la escuela o la Uni no nos lo enseñan. Por lo tanto terminamos adoptando lo que observamos de nuestros padres, amigos o compañeros de trabajo. La gran mayoría de las veces, ellos tampoco tienen el mínimo indicio de lo que están haciendo, pero como son las personas más cercanas a ti, su opinión u observación es muy importante y la sigues a ojos cerrados.

Piensa cuantas veces tú misma has mal-influenciado a otra persona? Oye, vámonos de rumba, o cómprate ese bolso o ese vestido que te queda divino, lo necesitas en tu vida YA!... Ahora que lo piensas esto sucede con mucha frecuencia. Lo que no vemos con frecuencia son consejos como: Ahorra para la Universidad, o no te endeudes comprando ese televisor nuevo cuando el que tienes en casa esta en perfectas condiciones. No necesitas más ropa o más zapatos, no pagues tus vacaciones a crédito, y si te vas de viaje estas segura pero podrás fácilmente pagar tus gastos habituales el siguiente mes?

Te quiero contar una pequeña historia que me sucedía con frecuencia cuando trabajaba en el Banco. Mucha genta venía a mi, lista para invertir. En mi mente financiera y ya que inversiones me generaban una comisión alta, inmediatamente pensaba: Cuando vendrá a invertir? Querrá invertir unos $50,000 por lo menos $$$$$ ☺ Y al indagar más encontraba que querían empezar a invertir de $1,000 a $5,000 dólares, que no tenían nada de dinero ahorrado para en fondo de emergencia, (Qué es eso?, me decían ☺), y que por supuesto, tenían deudas y balances en sus tarjetas de crédito ☹ (Adiós comisión)

Ahora te pregunto a ti: Crees que una persona como está realmente esta lista para invertir esos $1,000 - $5,000? NO, verdad?

En realidad esos $5,000 estarían mejor utilizados en pagar las deudas, y de sobrar en guardarlo como fondo líquido en un ahorro de emergencia. Honestamente no recomendaría que estos $5,000 fueran puestos en una inversión. Pero por qué? Quién le dice que no a una inversión? ☺

Porque en el momento en que una eventualidad

se presente la cual siempre se presentará, lo primero que esta persona hará es acudir a su "inversión". Querrá liquidar su activo porque tiene una emergencia económica y no tiene como más cubrirla. Probablemente terminará con menos dinero del inicialmente invertido por que tendrá que pagar gastos de operación, comisiones de manejo, penalidades, etc. Estos costos no se alcanzan a cubrir solo con las ganancias en un corto plazo.

Este es un gran ejemplo de nuestra ignorancia financiera, aprendamos a caminar antes de correr! Así tendremos la confianza de que daremos pasos firmes cuando ya estemos listos para correr por primera vez. Por eso es que es fundamental construir bases sólidas es. Y eso es lo quiero que te lleves de este libro.

Ahora si que ya entendimos su importancia con el ejemplo anterior, y con esto en mente, empecemos!

CAPÍTULO 1. LA MENTE

Soy absolutamente creyente de que necesitas trabajar en tu mente PRIMERO para lograr cualquier objetivo que te propongas, y esto aplica especialmente para tus objetivos Financieros, por eso es imprescindible que empecemos este camino entrenando primero la mente. Todo lo que quieras emprender o lograr en tu vida debe existir primero en la mente, y luego si podrá existir como materia. Y hay que aceptarlo nuestras mentes no has jugado trucos toda nuestra existencia. Hemos dejado que la mente corra libre y ésta ha desencadenado un sin numero de pensamientos que nos mantienen en el sufrimiento y por supuesto en la quiebra.

Cuál es el objetivo de aprender a usar la mente a nuestro favor? Primero, Lograr un enfoque mental, que nos permita tener metas claras, y segundo, eliminar pensamientos negativos que no nos sirven y nos mantienen en un estado de miedo.

Y cómo aprendamos a usar la mente a nuestro favor? Después de muchos intentos, y años de practicar todo tipo de técnicas, te voy a dar la ruta más corta y la que más me ha funcionado a modo personal.

El secreto es: Atrapar a la mente teniendo pensamientos contrarios a nuestros sueños (lo cual sucede constantemente en una mente sin control). Gradualmente, reducir ese tipo de pensamientos, y centrarte/cambiar ese tipo de pensamientos por los pensamientos que van de acuerdo a lo que tu quieres lograr. Recuerda: NO pensamiento es mejor que un pensamiento destructivo.

En práctica:
Pensamientos de una mente sin control: No tengo dinero, no me alcanza el dinero, nunca saldré de pobre, a los demás les va bien y a mi no, Juanito tiene ropa nueva y yo no tengo ni para el transporte, me voy a enfermar, siempre me enfermo, siempre me va mal, algo malo va a pasar, todo lo peor siempre me pasa a mi, soy tan de malas, tengo mala suerte, algo se me va a romper, me van a robar, etc.

Nota que estos pensamientos son constantes y consumen nuestras vidas. Puedes empezar a comprender porque esta mentalidad te bloquea?

Pensamientos de una mente **empezando** a tener control: El pensamiento viene a ti: No tengo dinero! Y cuando este viene a ti lo cambias por: Tengo dinero, el dinero viene a mi con facilidad, gracias por tanta abundancia (y sientes la abundancia en tu corazón).

Nota que no debes juzgar el pensamiento negativo ni elaborar más sobre el, solamente atrapas a tu mente pensando de esta manera e inmediatamente cambias ese pensamiento negativo por su opuesto positivo.

Pensamiento de una **mente en control:** La abundancia es infinita e ilimitada, el dinero es energía y viene a mi con facilidad, etc.

Nota que una mente en control disfruta de no tener pensamientos. Una mente en control es un observador neutral. Observa pero no siente la necesidad juzgar. (ese es el objetivo final)

Uy esto suena muy complicado! Bueno pues todas las cosas que valgan la pena en esta vida tienen su grado de complejidad, toman tiempo, y llevan esfuerzo. Esto, si lo decides hacer será tal vez es de las cosas mas importantes que logres en tu vida por que lo puedes aplicar no solo en tus finanzas sino en cualquier otra área de tu vida.

Y para aprender a controlar tu mente lo mejor que puedes hacer es apaciguarla a través de la meditación.

Tómate un tiempo exclusivo para meditar: Siéntate en posición de meditación y enfócate solo en la respiración. Siente el estomago expandir y contraer. Si estas realmente enfocado en la respiración no estas pensando. Si empiezas a pensar es por que perdiste el enfoque, vuele suavemente a enfocarte en la respiración. Una variación de esta mediación es usar un mantra como anclaje: En este caso te enfocas en tu manta únicamente.

Ejemplo de mantras (amor, om, soy luz). Usas el mantra cada vez que respiras e igual que con el enfoque en la respiración cada vez que pierdes el enfoque, suavemente y sin ningún tipo de juicio vuelves a anclarte en tu mantra.

Practica esto por 5-15 minutos, preferiblemente en al mañana y en la noche y sentirás como tu presencia empieza a cambiar.

Y si sientes que este método no es para ti, entonces practica lo siguiente:

Medita mientras realizas tareas cotidianas: Lava los platos y mientras lavas lo platos enfócate únicamente en lavar los platos: En el agua, el jabón, las sensaciones en tus manos. En otras palabras, lava los platos desde tu punto de presencia y no permitas que la mente se vaya para otro lugar. (No laves los plantos pensando que harás para la cena mañana o a que planes tienes para el fin de semana)

Ve a caminar y enfócate únicamente en caminar. En el movimiento de los pies y todo lo que conlleva el mecanismo de caminar, observa esto y los objetos a tu alrededor pero no los juzgues. Tu trabajo es únicamente estar presente mientras caminas.

Esta práctica la puedes realizar con todas las tareas cotidianas que haces a diario.

El objetivo es el mismo sin importar el método. Disminuir tus pensamientos, atrapar los pensamientos negativos y dejarlos ir, y enfocarte en aquellos pensamientos que se alineen con el cumplimiento de tus sueños, tus propósitos y tu derecho divino. Tener una mente neutral.

Puedes empezar con estas técnicas sencillas te ayudarán a entrenar la mente a pensar a tu favor. Solo cuando le dedicas unos minutos de tu tiempo a meditar te das cuenta realmente de cuantos pensamientos constantemente pasan por tu mente. Cuando te sientas con ellos, puedes entender que la gran mayoría de esos pensamientos te infunden miedo e inseguridades. Eras no eres tu! Es tu ego quien se alimenta del miedo, pero tu no eres tu ego así como no eres tus pensamientos. Entre más lo practiques más observarás los pensamientos que no te sirvan y al observarlos sin elaborar, haces paz con ellos y los dejas ir. Con el tiempo verás como tu mente se relaja y empieza a pensar a tu favor, mejor aún, tu, que eres el arquitecto de tu mente le dictas los pensamientos que quieres tener alineados a tus prioridades.

En el transcurso del día mientras realizas cualquier tarea cotidiana, también puedes estar atenta a tus pensamientos, cuando encuentres que tu mente está pensando pensamientos contrarios a tu objetivos, cambia esos pensamientos inmediatamente por su opuesto positivo. Por pensamientos que sirvan tu propósito y tus metas. Cuando lo hagas le estás mandando una señal de que no te interesan ese tipo de pensamientos, e inmediatamente después mándale una señal de lo que si te interesa. Estas creando un nuevo hábito!

Ejemplo: Si quieres abundancia pero tu mente inmediatamente te trae todas las cosas que no tienes (en otras palabras te causa sufrimiento por la escasez) Dile no a esos pensamientos, e inmediatamente cambiándolos por aquellos que realmente atraen abundancia: La casa de tu sus sueños, el auto de tus sueños, la vacaciones de tus sueños, la familia de tus sueños, etc. Siente desde lo más profundo de tu corazón que ya tienes esas cosas, que ya son tuyas. Y sabes que estas haciendo esta practica bien cuando sientes el cosquilleo en tu barriguita como cuando vez venir a ese chico o chica que te gusta ☺. Siente la emoción en tu interior.

Para que puedas sentir las cosas que no tienes como reales practica el agradecimiento por esas cosas que quieres como si ya existieran en tu vida.

Gracias por mi casa que siempre soñé, mi carro tan divino, por las vacaciones del año pasado, por mi hermosa familia, etc. Y mezcla estas cosa que quieres con las que ya tienes. Tu mente necesita asimilarlas como reales. Gracias por un nuevo día, por este desayuno que nutre mi cuerpo, por esta flor que alimenta mi alma, por que voy rumbo a mi trabajo, por este café, por mi esposo, por mi hijo, por mis zapatos, etc.. Entendiste la idea, verdad?

Vive en agradecimiento constantemente. Se una máquina andante de agradecimiento

Practica con tanta frecuencia como puedas y observarás pronto no solo que si puedes dominar tus pensamientos sino también que habrás creado un nuevo hábito!

Tu meta es dejar atrás pensamientos de pobreza, y remplazarlos por pensamientos de abundancia; dejar atrás pensamientos como que no puedes o no tienes, o que tus condiciones no son ideales por pensamientos que afirmen que eres capaz, que estas justo donde necesitas estar y que ya tienes todo a tu alrededor para triunfar en cualquier área de tu vida.

Una mente sin control puede ser tu peor enemiga, una mente controlada será tu mejor herramienta para lograr cualquier meta que te propongas.

CAPÍTULO 2.
METAS

Es primordial tener metas claras. El saber por qué quieres encaminarte en esta ruta de mejorar tus finanzas te va a ayudar a cumplir tus planes a cabalidad.

Por ejemplo: Cuando yo empecé a manejar mis finanzas conscientemente estaba cansada de gastar absolutamente todo el dinero que ganaba, me sentía infeliz y sin propósito, también sabia que NO quería ser esclava del pago de mi casa por 30 años. Así que mi meta era terminar de pagar la casa lo antes posible. Hice un plan a cinco años y con calculadora en mano calculé exactamente lo que necesitaba hacer para lograrlo. Algo que también me ayudó mucho para empezar y aún me ayuda es imaginar lo que podría hacer con el dinero cuando ya no tuviera el pago de la casa o cuando ya no me gastara todo lo que ganaba ☺. Y el horizonte en realidad siempre me ha resultado muy prometedor y ha sido una de mis mayores fuentes de motivación.

Así que tu también, decide cuál es tu meta, y has cálculos para saber que necesitas hacer para lograrlo.

Actividad:

Ten papel y lápiz a la malo.

Ponte en una posición cómoda, te puedes acostar si prefieres. Cierra los ojos y comienza a imaginar tu vida cuando logres las metas financieras que tienes: Visualiza todo con muchos detalles. Por ejemplo: Si imaginas que harás un viaje imagínate como irás vestida, tu equipaje, el avión, el cuarto de hotel, la piscina, la playa, los empleados del hotel, la comida, etc..

Si te imaginas viviendo en la casa y en el lugar de tus sueños píntalo en tu mente exactamente como éste será, los cuartos, la cocina, la decoración, imagina tu casa con tu familia, y tus amigos, hablando, riendo, imagina la conversación que sostienes, siente el olor a la comida, etc.

Tómate todo el tiempo que necesites para hacer esta actividad. Una vez terminada toma el papel y el lápiz y empieza a hace una lista tus metas financieras: Escribe todo lo que se te venga a la mente sin pensarlo dos veces. Las metas pueden ser grandes, pequeñas, a corto mediano, y largo plazo. Sigue escribiendo hasta que sientas que ya no te queda más que escribir.

Nota: Algunas de tus metas tienen que ser enormes y asustarte de lo contrario no estarás mas que escribiendo la vida que ya llevas y que no te ha producido resultados. Crea metas agresivas!

Ahora lee la lista en voz alta y siente cuales de los puntos de tu lista son más importantes para ti.

Elige una o dos metas para realizar a corto, mediano, y largo plazo.

Ejemplo:

Corto Plazo: (6 meses o menos)
　　　Pagar la tarjeta de crédito – en 2 meses
　　　Tener $1,000 en mi fondo de emergencias – 4 meses

Mediano Plazo: (6 meses a 2 años)
　　　Tener $10,000 en mi fondo de emergencias – 18 meses
　　　Ahorrar para comprar un carro en efectivo – 2 años

Largo plazo: (2 años en adelante)
　　　Terminar de pagar la casa – 5 años
Ir de vacaciones familiares a Europa por 10 días pagando todo en efectivo - 6 años

Guarda esta lista y revísala con frecuencia, la idea es que completes todos tus puntos de tu lista. A medida que vayas terminando una meta puedes empezar otra. También puedes agregarle nuevas metas a tu lista cada vez que lo consideres necesario.

Piensa también con frecuencia en la visualización

que hiciste, has que ésta sea tu motor para cumplir tus metas. Y si es necesario visualiza con frecuenta, (yo lo hago todas las mañanas y todas las noches). Esta es una excelente práctica, pero sobretodo, visualiza si alguna vez sientes que no quieres seguir adelante, sin te sientes incapaz, con duda o con miedo. Enfócate en tus metas y permite que la baja energía se transforme en una positiva. El recordar el por qué estas haciendo las cosas te dará la fuerza que necesitas para continuar.

Ahora, para cumplir tus metas es fundamental tomar como mínimo una acción diaria. De lo contrario no serán metas sino sueños, cortinas de humo, mentiras piadosas. Reconoce que cumplir metas no es el resultado de hacer una sola cosa y ya! Una meta cumplida es el resultado de la acumulación de muchos pasos y de la realización de muchas metas más pequeñas. Acepta aquí y ahora que fracasarás en múltiples ocasiones, esto también es inevitable y decide que no importa los obstáculos, seguirás adelante. NO te darás por vencido, nunca.

Basados en los ejemplos anteriores: Tu meta es ahorrar para comprar un carro en efectivo en 2 años. NO te levantas 2 años después con el dinero en el bolsillo verdad? NO!, empiezas ahorrando una cantidad cada mes.

Habrán meses en los que pudiste ahorrar lo acordado o hasta más, pero habrán meses en los que no lograste ahorrar (estos es un ejemplo de un obstáculo) Y tu tenacidad para seguir adelante será lo que marque la diferencia. El retrasarte un mes o el no cumplir esa meta a corto plazo no significa que debes abandonar tu meta final. Mejor lograr la meta en 2 años y medio a nunca lograrla por que te diste por vencido 3 meses después de iniciar al enfrentarte con tu primer obstáculo.

Por ultimo, ten fe y la certeza que cumplirás tus metas. El pensarlas y tenerlas en la mente es tu primer paso hacia lograrlas. Si existen en tu mente pueden existir en tu realidad. El tomar acción enciende los motores hacia la manifestación de tus deseos, y la fe te mantiene firme en tu propósito. No lo olvides, ten la certezas siempre de que lo que quieres existe, y que ya viene en camino para ti.

CAPÍTULO 3. MI INVENTARIO FINANCIERO

Ya que sabemos con claridad a donde queremos llegar, vamos a realizar el estado financiero de nuestra situación actual.

Advertencia: Antes de seguir adelante debes saber que la primer vez que haces un recuento de tu estado financiero puede resultar en algo doloroso e incómodo. Por ejemplo, cuando yo solía comprar con tarjetas de crédito me obligaba a mi misma a no revisar mi estado de cuenta por que sabía que no estaba manejando mi dinero de la mejor manera posible. Simplemente miraba el saldo a pagar cuando me llegaba el recibo y mandaba el pago, ignorando todo lo demás, por que sabía que estaba actuando sin control. Literalmente ganaba para pagar gastos que ya había consumido. A quien le daría gusto reconocer esto? A NADIE!

Aun así, esto es normal, a todos nos pasa de una forma o de otra. En realidad necesitamos experimentar este tipo de dolor para lograr el crecimiento verdadero. Ya que nos quedó claro, en este proceso vamos a tratar de enfocarnos en ver esta actividad de una forma positiva. Vas a hacer una búsqueda de tesoro virtual, mental, o física para encontrar tus balances y asegúrate de no dejar nada por fuera. Esto es importantísimo: Necesitas ver el mapa completo de tu estado financiero para que más adelante sea muy fácil crear tu plan de acción.

Actividad:

Crea tu mapa financiero:

Usa lo siguiente como tu guía y simplemente no uses las categorías que no tienes y agrega las categorías que no están en esta lista.

Ingresos del mes:

Ingreso 1 _____
Ingreso 2 _____
Ingreso 3 _____
Otro _____
Otro _____

Gastos del mes:

Pago de la casa _____
Renta _____
Comida _____
Vestido _____
Diversión _____
Seguro (s) _____
Gasolina _____
Transporte _____
Carro _____
Electricidad _____
Agua _____

Teléfono   _____
Internet   _____
Otro   _____
Otro   _____

Ahorros:

Cuenta de ahorro _____
Cuenta de retiro 1 _____
Cuenta de retiro 2   _____
Otro _____

Deudas/Crédito :

Casa _____
Carro _____
Tarjeta de Crédito 1   _____
Tarjeta de Crédito 2._____
Préstamo de nomina _____
Préstamo estudiantil _____
Préstamo personal   _____
Otro _____

Así de fácil es tu primer actividad, completa la lista en su totalidad y estúdiala detenidamente. Te hará bien saber cuál es tu condición económica actual. (estoy segura que es mucho mejor de lo que esperabas ☺ - Usaremos esta lista en nuestra siguiente actividad.

YENNYMANDOLA

CAPÍTULO 4. PRESUPUESTO - PLANEACIÓN

Antes de que te asuste la palabra "presupuesto" debes saber que el hacerlo no es nada complicado, al contrario puede ser una actividad muy divertida, yo lo veo como un juego de mesa fácil y divertido. Los jugadores son los miembros de tu núcleo familiar. En mi casa somos mi esposo, mis dos niños y yo!. Si, los niños también. No dejes por fuera a tus niños, a los míos les he hablado de dinero desde siempre, y siempre les pedimos que estén presentes en decisiones que involucren a toda la familia como por ejemplo: A donde queremos ir de vacaciones , o que queremos cocinar como platillo diferente de la semana. Esto es muy importante. (Pero, no los hagas sentar una hora contigo hablando de números, crea el presupuesto primero y luego si llama a tus niños para que te den su opinión o para que acepten el presupuesto familiar).

La primera vez que creas tu presupuesto es la que más tiempo te va a llevar, pero como todo hábito, entre más lo hagas mas fácil se convertirá

El presupuesto tiene 4 pasos: Planeación, Aprobación, Ejecución y Evaluación.

Veamos como funciona esto del presupuesto: Una vez planeas y obtienes aprobación ejecutas, por el tiempo que hayas elegido, la quincena o el mes y al final de este periodo vas a evaluar tu presupuesto. Una vez cierras este ciclo comienzas con el siguiente.

Sencillísimo verdad?

Consejos importantes para el éxito:
Crea un presupuesto base cero: Lo que significa que vas a presupuestar para cada centavo que recibas. No dejes dinero volando.

Presupuesta para todos los gastos que hagas durante el ciclo: necesitas saber con certeza en que se gastó el dinero durante el periodo presupuestado. No dejes nada afuera.

Planea y adhiérete a los gastos presupuestados. (Si no presupuestaste comprar un nuevo plato este mes, NO lo compres)

Gasta menos de lo presupuestado. (si presupuestaste $50 para diversión esfuérzate por gastas menos y nunca más).

Analiza y elimina gastos. El analizar tus gastos te ayudará a darte cuenta de las áreas en la que gastas más. Es de vital importancia encontrar la manera de reducir gastos, este en mi opinión el corazón del presupuesto. Por ejemplo: Si en los últimos meses has gastado en promedio $400 en comida, y decides que tu presupuesto será por los mismos $400 en realidad no estas haciendo nada. Simplemente estas poniendo tus mismos hábitos en papel. Pero si en lugar presupuestas $300 y haces lo posible para adherirte a este presupuesto, te llenarás de creatividad en la cocina y te aseguro que harás rendir el dinero mucho más.

*** Nota: Mi ejemplo está en dólares pero usa tu moneda local.

Actividad:

Imprime y completa la columna "Cantidad Presupuestada" usando la forma que encontrarás en el Anexo 1 – Usa el Anexo 2 como tu guía.

No olvides no dejar ni un solo centavo sin presupuestar. Y no olvides presupuestar para gastos poco frecuentes como cumpleaños, día de la madre, navidad, etc.

Como ya sabes que gastos tendrás durante el periodo presupuestado identifica como se van a pagar estos gastos (tarjeta debito/cuenta de cheques o efectivo) Es mi recomendación pagar con efectivo la mayor cantidad de gastos posibles, pero si el efectivo no es para ti entonces decide cómo lo vas a manejar. La siguiente mejor opción es la tarjeta débito por supuesto.

Por ejemplo yo solo pago desde mi cuenta de cheques los servicios (agua, luz, gas), la casa y la gasolina del carro por comodidad. Para los servicios simplemente hago un pago electrónico y ya está. Pagar la cuota de la casa con efectivo seria demasiado complicado, desde la cuenta es simplemente una transferencia y listo. Lo mismo con la gasolina, pago con mi tarjeta débito y es mucho más sencillo que pagar en efectivo.

Para lo demás, siempre uso el efectivo (mercado, gastos de diversión, niñera, mantenimiento de la casa, ropa, zapatos, etc.). Creo firmemente que pagar este tipo de gastos de esta manera es de vital importancia para nuestro éxito, más adelante te hablaré más de su por qué. Para saber cuando dinero necesitas retirar en efectivo simplemente suma todos estos tipo de gastos, y haz un retiro por esa cantidad.

Para estos pagos en efectivo usa un sistema de sobres simple. Marca cada sobre con el propósito (mercado, perro, carro, etc.) y pon en cada sobre la cantidad que presupuestaste. Puedes ver mi página web o mi Instagram para más ideas o para descargar e imprimir tus sobres gratis, o si prefieres usa sobres normales. Una de mis actividades preferidas con los niños es colorear los sobres para nuestro presupuesto. ☺ Lo importante es que no te compliques con el uso del sistema de sobres.

Cuando saques el dinero de un sobre lo debes remplazar por el recibo correspondiente que soporte el gasto, si no tienes un recibo anota el gasto en un papel. Al final del ciclo debes tener entre recibos y dinero la misma cantidad con la que empezaste.

*** Nota que tu presupuesto también incluye pagar tus deudas y ahorrar. Llena estas cantidades como llenarías todo lo demás. Si no tienes deudas en este momento perfecto, si no tienes dinero para ahorrar también esta bien. La idea es que trabajes con lo que tienes. Ya más adelante hablaremos de créditos y ahorros con más profundidad.

CAPÍTULO 5. PRESUPUESTO - EJECUCIÓN

La ejecución del presupuesto es muy sencilla y la puedes hacer de manera divertida: La ejecución dura los 15 o 30 días que dura tu presupuesto.

Qué debes hacer?

Tu trabajo es asegurarte de mantenerte dentro o por debajo del presupuesto. Debes hacer lo posible por reducir tus gastos. Por ejemplo: Si presupuestaste $20 para tomar café de Starbucks durante el mes. Haz café en las mañanas en casa y no gastes los $20 dólares, o ve solo una vez esta quincena y gasta $3. Estarás $17 por debajo de lo presupuestado. Ya ves que es divertido? ☺

TIP: Tu eliges ver cualquier aspecto, tarea o circunstancia en tu vida como algo positivo o algo negativo y esto solo depende de ti. De tu punto de vista. Encontrar la manera de ahorrar dinero es divertido para mi y esto me ayuda enormemente a obtener buenos resultados. Espero que tu también lo puedas encontrar divertido y emocionante. Si tu crees que es aburridor y que te cohíbe, estarás empezando este proceso con la actitud equivocada. Recuerda que en lo que te enfocas se expande para ti! Y nuevamente, esto aplica para cualquier área de tu vida, si tu enfoque es negativo, tus resultados serán negativos, si tu enfoque por el contrario es positivo, verás resultados positivos.

Algo que también es emocionante es buscar y encontrar nuevas maneras de ahorrar: Si presupuestaste para algo en especial y sabes que lo vas a comprar, haz una investigación antes de ir a la tienda. Busca cupones, promociones, ofertas especiales de la tienda, feriados de descuentos, etc.

Y siempre antes de comprar pregúntate muchas veces: lo necesito? Lo necesito? En verdad lo necesito? Y si es algo que NO necesitas sino que más bien quieres, siéntete orgulloso al decirle NO a la compra. Esta bien que de vez en cuando te des un lujo aquí y allá y que compres algo por que así lo quieres hacer. Pero ésta debe ser la excepción y no la norma. Este tipo de compras en mi opinión son las más gratificantes, no hay nada como la felicidad y el orgullo que sientes cuando por fin te compras ese reloj para el que ahorraste por un año o completas tu ahorro para un nuevo teléfono por que el que tenias ya no aguantaba un golpe más.

Este tipo de compras son muy gratificantes por que SON POCAS, si cada vez que se te antoja algo nuevo, vas y te lo compras, te estás robando a ti mismo la sensación de comprar con esfuerzo, te estás negando la oportunidad de fortalecer tu vertebra del auto-control.

Otra forma de ahorrar es volviéndote creativo en la cocina, reduce la cantidad de ingredientes y simplifica tus comidas, no vayas a la tienda cada vez que se te acabe la canela o la pimienta por que te garantizo que vendrás a casa con mucho más que una bolsita de canela. Es muy importante organizarte mucho en la cocina, ya que la alimentación es una de las áreas donde más dinero gastamos. Planea y adhiérete al plan. Y por favor, no desperdicies alimentos.

Si no tienes una verdadera razón para salir a la calle, no lo hagas! La gente siempre se queja de que cada vez que van a la calle gastan dinero y es por que es verdad. "Vitrineando" – como dicen, de repente te das cuenta de todas las cosas que existen allá afuera y que "necesitas" en tu vida o ésta ya no volverá a ser normal -jaja. Somos seres humanos y por lo tanto estamos sujetos a la tentación, a que un momento de arrebato se lleve lo mejor de nosotros. Así que si sabemos que no se nos es fácil ejercitar auto-control, es mejor optar por eliminar la tentación cuanto más nos sea posible. En lugar de ir a la tienda con el fin de distraerte un rato, opta por salir con planes más orgánicos y menos tentativos. Mi favorito siempre es ir a caminar por el parque, o de picnic al rio. Estos planes son gratis y no me estarás atropellado por vitrinas a tu paso!

Estos son solo algunos ejemplos de cómo ahorrar dinero y reducir gastos, pero los limites dependen de ti, vuélvete una máquina creativa y recuerda que cada centavo cuenta!

Quédate dentro del presupuesto por el periodo presupuestado y miremos a ver que pasa.

CAPÍTULO 6. PRESUPUESTO - EVALUACIÓN

Al final del ciclo de tu presupuesto vas a poder comparar las cantidades presupuestadas con lo que en realidad gastaste.

Ya sabes que tu objetivo es no gastar más de lo presupuestado en ningún área, pero si viste que presupuestaste muy poco para esto y tal vez mucho para aquello, solo modifica la cantidad para el siguiente periodo. También incluye gastos que dejaste por fuera y remueve cualquier gasto que no vayas a tener durante el nuevo mes. Esta es la evaluación: En qué áreas me fue bien, en que áreas no me fue tan bien, como puedo mejorar?

Advertencia: No te des por vencido en tu primer intento por que notaste que no acertarte mucho con tu presupuesto o que aún gastaste más de la cuenta. Al contrario, celebra que ya cumpliste tu primer mes haciéndolo y comprométete a mejorar para el siguiente. Nada es fácil al comienzo pero todo lo puedes lograr con práctica y con una actitud positiva.

También está bien si gastaste absolutamente todo lo que ganaste. No puedes sentirte derrotado por creer que no ganas lo suficiente como para presupuestar. El crear el presupuesto te ofrece una visión clara sobre hacia dónde se va tu dinero, y esto en si ya es una gran ganancia.

Actividad:

Completa de columna "cantidad actual" esto lo haces sumando todos los gastos de las mismas categorías.

Ejemplo: Tienes 2 recibos del supermercado. El total será lo que gastaste en comida durante el mes. ($30 + $50 = $80) Si presupuestaste $100 en mercado por ejemplo la diferencia son $20 lo que quiere decir que lograste ahorrar $20. Y si presupuéstate $70 y gastaste $80 quiere decir que gastaste $10 de más. Anota la diferencia en la columna marcada como "Diferencia" esto te ayudara a resaltar las áreas en las que necesitas concentrarte.

Cómo usar las notas: En la columna notas puedes poner cualquier eventualidad y/o la manera en que el gasto fue hecho. (Tarjeta debito, efectivo, pago automático, etc.)

Eso es todo! Una vez termines de llenar el presupuesto puedes comenzar a crear el del siguiente ciclo. Lo cual va a ser mucho mas fácil por que ya tienes todas tus categorías. Solamente necesitas re-evaluar lo presupuestado el mes anterior, y modificar si es necesario reduciendo o aumentando las cantidades.

También recuerda planificar para nuevos gastos o gastos que no se repiten todos lo meses. No olvides revisar el calendario por fechas como cumpleaños, fines de semana extra, pagos trimestrales, bimestrales, etc.

CAPÍTULO 7. AHORRO Y CRÉDITO

Apreciadísima amiga, me he gastado un gran tiempo enseñándote y hablando sobre cómo crear y desarrollar tu presupuesto por una muy buena razón: El gran objetivo es que aprendas a manejar tu dinero, para que tu dinero te rinda mejor y que tengas mayor flexibilidad. Ya agregando este nuevo hábito a nuestras vidas nos será mucho mas fácil manejar todo lo demás. Y como ya nos graduamos del colegio presupuestal, en este capítulo empezaremos a hablar del ahorro, y del crédito.

Ahorro:

Lo más importante que te puedo decir sobre los ahorros es que LOS NECESITAS. Pero para que necesito tener ahorros? Para una emergencia, para un día lluvioso, para el día que te quedes sin trabajo, para tu retiro, para cuando se dañe la nevera, o se rompa la cañería, para la educación de tus hijos, para cuando necesites ropa nueva,, para cuando quieras irte de vacaciones, para tu tranquilidad mental y emocional, etc. Como ya eres un experto en presupuestar, y ya sabes donde puedes reducir gastos, confío en que también ya estés listo para crear un plan de ahorro. No le des gran importa al tamaño de tu ahorro actual o a que no tienes ahorros, lo más importante es empezar. Lo más importante es crear un nuevo hábito. El hábito de ahorrar! Ahora trabajaremos en esto.

El ahorro que quiero que tengas es para guárdalo, no es para esperar una buena venta e ir a gastarlo. El ahorro es para el día que te quedes sin trabajo o tengas una emergencia medica o cualquier otro gasto inesperado y necesario. Y NO, la última bolsa de tu diseñador favorito no es un gasto necesario. No ahorres dinero por tres meses para al cuarto mes decir, me gasté la platica que tenia guardada y no se en qué. Por favor, que esto te quede claro.

El tener un ahorro de emergencia por ejemplo, realmente te puede sacar de apuros cuando la emergencia se te presenta. Y créeme que se te va a presentar, especialmente cuando no estas preparado para recibirla.

No tener la mentalidad de ahorrar a largo plazo es uno de las principales fallas cuando se tratar de ahorrar. Sólo cuando creamos el hábito de ahorrar realmente empezamos a crear verdaderas estabilidad financiera, nos encaminamos hacia la independencia. Hasta no crear el hábito de ahorro, si siempre gastas todo lo que ganas, el ganar más no te va a beneficiar solo reforzará tu mal hábito de consumo.

Cuando dinero necesitas ahorrar?

Todo el dinero que puedas, siempre. Cuando?

Siempre necesitas ahorrar, siempre que puedas. Y si te esfuerzas siempre puedes aunque sea poco pero puedes.

Empecemos por hablar sombre cómo crear un ahorro de emergencia:

El fondo de emergencia es creado para producirte paz, como ya te dije anteriormente, para un día lluvioso, y en él esfuérzate por ahorrar lo de tres meses de gastos mínimo. Luego increméntalo a 6 o 12, si esto te da mayor tranquilidad.

Por ejemplo, si tus gastos del mes equivalen a: Renta $500, comida $300, servicios $200, otros $300 = $1300 x 3 meses = $3,600. Por lo tanto $3,600 es la cantidad de dinero en la que te puedes enfocar. Esta cantidad la puedes guardar en un vehículo financiero de acceso fácil. En mi opinión personal no te enfoques tanto en cuando interés te genere, para que sea de fácil acceso tal vez no te genere mucho pero recuerda que lo que nos interesa es tener ese dinero a la mano para una eventualidad. Habrá muchos que digan: "O no, no haré esto por que la inflación hará que mi dinero pierda valor". Esas probablemente son las mismas personas que nunca ahorran y por consiguiente no estén preparados para una emergencia escudándose en excusas ridículas como ésta.

Recuerda entonces que este dinero es para tu fondo

de emergencia no para hacerte rico en intereses o generándote rentabilidad. Y por favor recuerda que irte de compras con tus amigas no es una emergencia. Estamos? ☺

El tiempo que te demores en ahorrar este dinero depende de tu situación particular. Por favor no te compares con nadie, no somos mejores a alguien más al poder acumular este dinero en 2 meses ni tampoco somos peores al demorarnos un año en hacerlo. Recuerda que cada uno está en un camino diferente y que tu situación es tan válida como la de cualquier otra persona. Por favor siempre honra tu proceso.

*** Aquí te dejo un tip basado en mi propia experiencia para que pienses que puedes hacer para acumular dinero rápido.

Cuando yo me puse a la tarea de juntar dinero extra vendí la mayoría de mis posesiones personales que estaban en excelentes condiciones, y que tenían algo de valor. vendí ropa, bolsos, carteras, zapatos, perfumes, joyas, electrodomésticos, cosas que tenía guardadas sin usar, juguetes de los niños, etc. También hice algunas tutorías en español, hice mandados por medio de una aplicación, y limpie un par de casas aquí y allá. (Si, Limpie casas!, ya supéralo ☺)

Recuerdo la gran emoción que me producía cada vez

que ganaba un poco de dinero. En aquel entonces estaba en casa cuidando de mis bebés y me hacia sentir muy útil contribuir de alguna manera. Y si, logré conseguirme mi buen dinero haciendo todas estas cosas ☺. Aún más importante, esto también marcó el inicio de mi vida minimalista, el aprender a vivir con menos me quitó un gran peso de encima. Entendí finalmente que no existe la paz cuando quieres acumular más y más posesiones materiales constantemente. Que alivio trae consigo esta revelación.

Una vez completas tu ahorro de emergencia ponlo a un lado y no cuentes con el para tus necesidades cotidianas. Una vez tienes este ahorro estarás en la mejor posición para seguir incrementando tu patrimonio. Ahora puedes enfocarte en construir riqueza e independencia financiera. Pero antes, hablemos un poco sobre las deudas.

Crédito:

Si tienes deudas y tiendes a utilizar tu crédito como parte activa de tus finanzas, o como una fuente de ingreso más, tal vez te conviene que cortes tu relación con esta herramienta de doble filo, al menos hasta que mejores tus hábitos.

Y si tienes en este momento deudas, así como ya te comprometiste a presupuestar, y a ahorrar, también debes compromete a pagar tus deudas lo antes posible. Si no tienes créditos por pagar, excelente esto te ayudará a enfocar tus esfuerzos en la acumulación de ahorros desde ya!

Aún recuerdo la imagen de la señora que se arrojó de un puente en Colombia hace unos años atrás, junto con su pequeño hijito. La razón: Por que tenía muchas deudas y ya no supo que más hacer. Indagando un poco más supe que la señora no era un persona pobre, solo que se acostumbró a gastar y a gastar y se endeudó muy por encima de sus capacidades para llevar un estilo de vida por encima de sus medios. Que triste esta historia verdad?

Comprar a crédito te puede producir un momento de éxtasis por que él te permite adquirir con facilidad "ese producto" tan deseado. Sientes que el crédito se convierte en tu aliado al ayudarte a obtener esa gratificación instantánea. Lo quiero ya y aunque hoy no tengo dinero, aún lo puedo adquirir hoy mismo si lo compro a crédito. Luego ya miraré cómo haré para pagarlo. En 30 días cuando me llegue el estado de cuenta de seguro ya tendré el dinero. Suena bien pero estamos pensando ingenuamente.

Como regla general si no tengo el dinero para pagar algo en efectivo hoy, no lo tendré tampoco en 30 días. Y me miento a mi misma con semejante analogía para darme el permiso de comprarlo. Que emoción tenerlo hoy pero luego esto mismo se te puede convertir en un largo calvario. Por que recuerda que no estás pagando solo el crédito sino también el interés, y el costo de este dinero la mayoría de los casos es extremadamente alto. Y si tienes este hábito pues no compras una sino muchas cosas a crédito, por lo tanto estás pagando hoy por cosas que ya consumiste ayer.

Puedes pensar de algo que compraste hace años a crédito y que aún hoy estás pagando? Si te sientas a hacer cuentas podrás notar que ya lo hubieses pagado 2-3 veces el mismo artículo de haberlo comprado en efectivo. Este es verdadero costo de comprar a crédito y es altamente ignorado a causa de la falta de educación financiera, y reforzado por el consumismo compulsivo y el deseo de gratificación instantánea. Uno de los males de este milenio. ☹

Así que recuerda que endeudarte es la manera más fácil de estancar tu progreso financiero.

Por eso, debes hacer lo posible para NO acudir al crédito y debes hacer lo imposible para pagar las deudas que tienes lo antes posible. Cambia este comportamiento es la única manera. El crédito no puede formar parte de una estrategia financiera sólida, el crédito tampoco puede formar parte de tu plan de emergencia, tener crédito mal utilizado solo te estanca en el proceso.

Quieres saber cuál ha sido mi política desde que empecé a ganar dinero? Si no tengo para comprar "eso" en efectivo. No lo compro... Y si es una emergencia? Pues ya tengo mi ahorro de emergencia, recuerdas? Ojalá que esta también se convierta en tu nueva política.

Y como nota especial: Yo no sabia esto tampoco empezando, esto lo aprendí gracias a mi primer mentor financiero quien me explicó como debía manejar mi crédito cuando apliqué para mi primer tarjeta. Yo ya me estaba imaginando en que me iba a gastar todo el dinero que el banco generosamente me había extendido en forma de tarjeta de crédito. Yo ya estaba viendo mi futura tarjeta de crédito como un ingreso adicional. De no haber sido por mi gran mentor, mi historia hoy sería totalmente diferente.

Sabes que más me dijo mi mentor con respecto a la tarjeta de crédito: .

Usa la tarjeta cuando necesites comprar un articulo grande que sabes que puedes pagar en efectivo (tienes ya el dinero para comprarlo) pero prefieres pagarlo con la tarjeta de crédito por que te acumula puntos. Cuando te llegue el estado de cuenta lo pagas en su totalidad. Esta es la única manera en que la tarjeta de crédito trabaje para ti, de que el Banco te pague a ti por utilizarla, de lo contrario tu le estarás pagando al Banco. Y eso siempre he hecho.

Actividad:

Cuando trabajamos en el presupuesto ya hiciste un recuento de cuanto dinero debes y cuanto dinero puedes ahorrar. Si necesitas completar tu ahorro de emergencia y al mismo tiempo pagar las deudas entonces te recomiendo lo siguiente:

Como primera medida. Pon a un lado el dinero equivalente a una quincena de tu salario.
Una vez completas esta cantidad enfócate en pagar tus deuda(s).

Si tienes varias deudas decide en que orden las vas a pagar. Lo que significa que te enfocarás en una deuda a la vez, y a las demás le harás únicamente el pago mínimo.

Para ayudarte en este proceso, explicaré rápidamente dos métodos y tu decides cual quieres utilizar.

MÉTODO BOLA DE NIEVE: Se enfoca en pagar deudas de acuerdo a su balance de menor a mayor. La más pequeña primero, cuando terminas con ésta, pagas la siguiente de menor cantidad y así hasta que terminas de pagar todas tus deudas. Tu última deuda en pagar será la de mayor valor. Este método es efectivo por que te impulsa a seguir adelante al ver prontos resultados.

Ejemplo del orden de pago según el método bola de

nieve:

1. Tarjeta de crédito de la tienda = $200
2. Amiga: $300
3. Tarjeta de crédito electrodomésticos = $450
4. Tarjeta de crédito personal = $1,500

Entonces utilizando el método bola de nieve, en la deuda 2, 3, y 4 realizo mis pagos mínimos mensuales y uso todo mi dinero extra para pagar la deuda 1 lo antes posible. Cuando termino la deuda 1, paso a la segunda y así sucesivamente hasta salir de deudas. Yay!

Nota: Busca un video completo sobre este método en mi canal de YouTube Yenny Mandola - **Método Bola de Nieve para salir de deudas**

MÉTODO AVALANCHA: Paga tus deudas de acuerdo a su tasa de interés de mayor a menor. Tu última deuda a pagar será la que tenga una menor tasa de interés. Este método es efectivo por que te ahorra dinero en interés y esto a su vez también te ayuda a recudir el tiempo a pagar.

Ejemplo del orden de pago según el método avalancha:

1. Tarjeta de crédito personal = $1,500 - Interés 22%
2. Amiga: $300 - Interés 20%
3. Tarjeta de crédito de la tienda = $200 - Interés

18%
4. Tarjeta de crédito electrodomésticos = $450 - Interés 12%

Entonces utilizando el método avalancha, en la deuda 2, 3, y 4 realizo mis pagos mínimos mensuales y uso todo el dinero que pueda para pagar la deuda 1 lo antes posible. Cuando termino la deuda 1, paso a la segunda y así sucesivamente hasta salir de deudas. Ganando como siempre ☺

Nota: Busca un video completo sobre este método en mi canal de YouTube Yenny Mandola - **Método Avalancha para salir de deudas**

* En el pago de estas deudas no incluyes tu casa si tienes un préstamo por ella. En la casa te puedes enfocar cuando ya hayas salido de las demás deudas.

** También ten en cuenta tu situación actual y actúa de acuerdo a ella, estos son dos métodos que te pueden ayudar pero se flexible cuando así lo necesites. Por ejemplo si estás a punto de perder a tu amiga, o si esta te llama constantemente a cobrarte el dinero que le debes, págale a ella primero y quítate ese estrés de encima. Recuerda que el principal objetivo del control financiero es tu paz mental.

Puede que una deuda la puedas pagar ya, otra en una quincena otra en dos meses pero no pares hasta haberlas salado todas.

Una vez terminas de pagar tus deudas vuelves a tu ahorros. Hasta completar tus 3-6 meses de ahorro de emergencia.

Recuerda que esta es mi recomendación pero que lo que aún más te recomiendo es que tu mismo decidas lo es más importante para ti y que actúes de acuerdo a tus prioridades. A mi el crédito me produce mucho estrés, siempre he dicho que soy alérgica a las deudas jaja, por eso prefiero sacrificar los ahorros temporalmente para saldar deudas.

Si a ti el ahorro de produce más tranquilidad honra tu proceso y actúa de acuerdo a lo que tu estimes apropiado para tu situación!

Wow, me parece estar sintiendo tu tranquilidad, una vez terminas esta etapa. Ya estas libre de deudas y ya tienes dinero ahorrado. Si perdieras tu trabajo o si te enfermaras y no pudieras trabajar temporalmente, si se te dañó la nevera o la estufa, etc., ya estarás en mejor condición de sobrellevar tu situación.

Es más, si ya estas aquí y te quieres dar una "pequeña recompensa" por tu esfuerzo, aquí si te doy permiso de hacerlo! Sólo no exageres ☺

Como este proceso te puede llevar meses, o hasta años es indispensable que tengas tu plan de acción del que hablamos en los primeros capítulos y que acudas a él con frecuencia. Vuelve a revisarlo cada vez que necesites revisar donde vas con tu proceso y cada vez que necesites hacer una revisión. Esto también te ayudará a seguir enfocada en tus metas

Y mientras tanto sigamos con el siguiente capítulo.

CAPÍTULO 8. DIVERSIFICANDO INGRESOS. EL CAMINO HACIA LA LIBERTAD FINANCIERA

Hagamos un recuento:

Hasta aquí ya somos expertos en presupuestar, ya hemos pagado deudas, y ya tenemos ahorrado lo de 3-6 meses de dinero para emergencias. En mi humilde opinión ya has recorrido más la mitad del camino te conduce a tu libertad financiera.

De aquí en adelante, tu enfoque dependerá de tus prioridades únicamente.
Qué deseas tu: Comprar casa o terminar de pagar tu inmueble actual? Invertir tu dinero para que empiece a generar rentabilidad? Ahorrar para poderle pagar la Universidad a tus hijos en efectivo? Quieres emprender?, etc.

Cuando yo me encontraba en esta posición decidí hacer lo siguiente: Empecé a atacar el préstamo de mi casa con toda la intensidad. (Ya anteriormente mencioné que las deudas me ponen intranquila) Y cuando digo intensidad estoy hablando de total intensidad. Estoy hablando de presupuestar cada centavo extra para abonárselo al préstamo de la casa. Estoy hablando de comer "arroz y frijoles" si es necesario para no gastar de más en comida, estoy hablando de no ir de vacaciones, al cine, al restaurante para no gastar dinero y podérselo pagar al préstamo de la casa. Eso es intensidad para mi. Tu defines también tu nivel de intensidad.

Antes de continuar también te quiero dejar algo claro. Esto para mi es mi gran pasión! Nunca me he llegado a sentir cohibida por no poder comprar cosas y en lugar mandar todo el dinero hacia el pago de la casa. Sé que siempre tengo la elección y que si quisiera ir de compras, al cine, a comer o hasta de vacaciones lo podría hacer. Pero yo elijo junto con mi familia el no hacerlo, al menos no en cierto momento. Y eso en lugar hacerme sentir cohibida me hace sentir en control.

Si tu te llegas a sentir cohibida o miserable en este proceso te aconsejo que tomes un respiro y que re-evalúes tus prioridades antes de continuar. La razón por la cual esto es tan importante es por que si te sientes restringido y sientes que hay cosas que quieres pero no puedes tener, tarde o temprano tu sistema va a fallar y vas revertir a los malos hábitos que te metieron en problemas financieros para empezar.

Por ejemplo: Si desesperadamente quieres ir de compras al Centro Comercial pero te cohíbes de hacerlo por 6 meses, estas acumulando ese fuego en tu interior y el día que por fin ya no puedes contener la tentación, terminarás yendo a todas la tiendas y gastando todo y más del o que dejaste de gastar durante esos 6 meses anteriores.

Y antes que digas que eso no te va a pasar a ti, créeme que yo también solía pensar igual, esa no soy yo… y en un par de ocasiones terminé yendo a la tienda y compensarme por todo el tiempo que había dejado ir... La clave entonces es el balance, disfruta del proceso pero sobre todo recuerda que eres un ser maravilloso en proceso de transformación. No te juzgues cuando quieras darte un gusto como el ser humano que eres. Solo asegúrate que sea un gusto pequeño ☺

En fin, Lo que te recomiendo hacer cuando te sientas así, es darte un respiro y por que no, salir, mirar, darte un pequeño gusto: Un helado, un café, unos aretes, o un par de medias, algo pequeño pero especial que avalúen tu gran trabajo.

Bueno ahora si hablemos de la diversificación de ingresos como tu siguiente paso a la libertad financiera.

Ya estamos en control total sobre el manejo de nuestro dinero. Ya tenemos un horizonte y estamos siguiendo un plan de acción, ahora necesitamos indagar profundamente las posibilidades y oportunidades que tenemos de diversificar ingresos.

Alguna vez leí una frase que decía algo así: Hay dos formas para lograr independencia financiera: Aprender a vivir con menos, o incrementar tus ingresos. Pero el camino más rápido para logarlo es haciendo las dos. Pues hasta ahora hemos hablado de la primer parte: Reducir aquí, ajustar allá y esto que es tan fundamental deber ir acompañado de indagar constantemente sobre cómo podemos generar mas ingresos, y obviamente de hacerlo.

Sobre esta área también puedo escribir un libro completo así que trataré se ser lo más concisa posible. Me enfocaré en sembrar ideas en tu cabeza y tu trabajo será el de auto indagar para descubrir cómo puedes generar diferentes fuentes de ingreso dependiendo de factores como tu pasión y tu talento.

Veamos como puedo diversificar/incrementar ingresos usándome a mi misma como ejemplo:

1. Salario
2. Cuenta de inversión
3. Closet online
4. E-Book (s)
5. Libro sobre finanzas personales
6. Curso sobre finanzas personales
7. Charlas sobre finanzas personales
8. Coaching individuales o grupales sobre Finanzas, emprendimiento y crecimiento personal

9. Venta de otros producción relacionados con las finanzas personales
10. Promoción de otros productos Financieros por comisión.
11. Mercadeo de afiliados
12. Canal en YouTube

13. Podcast
14. Etcétera
15. Etcétera
16. Etcétera ☺

Nota que en este ejemplo no tengo ningún producto físico pero si tu si los tienes más mérito para ti!

De eso se trata la diversificación de ingresos. De tener más de una fuente de entrada y con mi ejemplo anterior de nueva economía en la que te enfocar en generar dinero aún cuando no estés físicamente presente. Y recuerda nuevamente que tener más de una fuente de ingreso te ayudará a acelerar tu proceso. Pero cómo empezar dirás tu? No tengo tiempo, no tengo talentos. Pues te recomiendo que indagues profundamente por que tal vez te estés engañando a ti misma ya que te garantizo que si tienes talentos que son únicos a ti, que nadie más tiene. y ahí precisamente es donde yace tu gran oportunidad.

Y si quieres indagar de cerca sobre cómo estás usando tu tiempo, checa cuanto tiempo gastas viendo la tele, en las redes sociales, en el internet, con tus amigas, en youtube, etc. Y vuélvete a hacer esa pregunta. ☺ Estos segura que encontrarás tiempo para dedicarte a multiplicar tus fuentes de ingresos.

Actividad:

1. Has una lista de las cosas que más disfrutas hacer, escríbelas todas sin importar si crees que son buenas, muy pequeñas o insignificantes.
2. Una vez termines el punto uno, escribe todas las cosas para las que eres bueno. (Para las que sabes que tienes talento)
3. Encuentra la intersección entre lo que disfrutas hacer y para lo que eres bueno. Por ejemplo: Las Finanzas personales son mi pasión y soy muy buena con el manejo de mi dinero(chi-chin)
4. Si tienes algo que disfrutes hacer pero para lo que no es bueno, escribe que estarías dispuesto a hacer para dominar el arte de eso que te encanta hacer. Y decide si estas dispuesto a pagar el precio para volverte el mejor y desarrollar tu talento en esa área. Si la respuesta es NO , descarta esta posibilidad y enfócate en lo que ya te encanta hacer y para lo que tienes talento.
5. Ahora que ya sabes cual es la intersección entre tu pasión y tu talento, tu trabajo es encontrar la manera de ganar dinero haciendo lo que tanto disfrutas hacer.

Para motivarte con esto recuerda lo siguiente:

- Todos tenemos un talento especial que podemos explotar. El ser único te ayuda a crear una oferta única.
- Nada remplaza tu autenticidad y lo primordial cuando tratas de generar ingreso extra es ayudar a

los demás. Ofrece valor, siempre enfócate en como puedes ayudar antes de enfocarte en como puedes ganar dinero.

- Siempre hay alguien que sabe menos que tú y que está dispuesto a pagar por tu conocimiento.

CONCLUSIÓN

Recuerda que el éxito se construye con constancia y disciplina. Toma al menos una acción diaria que te lleve a obtener tus sueños!

Antes de cerrar te prometí mencionar la importancia de pagar en efectivo: Te lo explicaré con una ilustración:
Cuando vas a la tienda y llevas tu tarjeta de crédito se te hace fácil comprar y comprar y no estás tan preocupado por la cantidad que vas a gastar. La razón es por que sabes que no la vas a pagar inmediatamente sino en el futuro.
Cuando vas a la tienda y pagas con tu tarjeta débito eres un poco más cuidadoso con la cantidad que puedes gastar por que sabes que el dinero sale de tu cuenta y que necesitas tener suficientes fondos para poder comprar. Por lo general si tienes suficiente dinero en la cuenta pues lo compras.
Por último, cuando vas a la tienda y pagas con efectivo llevas una cantidad limitada y sabes que de ahí no te puedes pasar. Si no te alcanza para lo que quieres lo pones de regreso y fin de la historia. Esto realmente te ayudar a crear disciplina y a mantenerte dentro del presupuesto.
Estudios han comprobado que si pagas en efectivo eres mucho más cuidadoso con tus gastos, como que te duele más ver tu dinero físico escurrirse por entre tus dedos, por eso es que recomiendo pagar en efectivo!

Obviamente si el efectivo no es para ti entonces aprende a ser muy cuidadoso con el uso de tu tarjeta debito y por supuesto evita comprar con la tarjeta de crédito. No empeñes tu trabajo futuro especialmente por algo que no es primordial.

Recuerda: Si creas disciplina, si perseveras, si no te rindes, te garantizo que verás los resultados que deseas. El mejor consejo que te puedo dar antes de partir es que honres tu proceso, que no te compares con los demás y que creas en ti mismo. Las cosas se pondrán difíciles algunas veces en el camino pero confía siempre en que hay luz al final del túnel.

Por último, recuerda también que no estás sol@ en este proceso. Como tu y como yo hay muchos buscando la manera de crear un futuro mejor para nosotros mismos. Apóyate de aquellos con una mentalidad similar a la tuya. Apóyate en mi, si tienes dudas, y por sobre todo antes de darte por vencida contáctame vía Instagram/facebook @yennymandola o en Youtube "Yenny Mandola". Haré lo posible para contestarte con prontitud.

También te quiero agradecer por haber descargado este libro. Si te gustó y te ha ayudado cuéntale a tus amigos para que ellos también se beneficien.

Siempre en gratitud,

Yenny

Anexo 1

PRESUPUESTO:			PERIODO:	
	Cantidad Presupuestada	Cantidad Actual	Diferencia	Notas
INGRESOS				
TOTAL INGRESOS				
AHORROS				
TOTAL AHORROS				
GASTOS FIJOS				
GASTOS VARIABLES				
TOTAL GASTOS (Fij + Var)				
PAGOS DE CREDITO				
TOTAL PAGOS DE CREDITO				
TOTAL INGRESOS - AHORROS - GASTOS - CREDITO				0

Anexo 2

PRESUPUESTO: _____			PERIODO: _____	
	Cantidad Presupuestada	Cantidad Actual	Diferencia	Notas
INGRESOS				
Ingreso 1	$1,200.00	$1,400.00	$200.00	Salario Juan
Ingreso 2	$800.00	$780.00	($20.00)	Salario María
TOTAL INGRESOS	**$2,000.00**	**$2,180.00**	**$180.00**	
AHORROS				
Ahorro 1	$200.00	$300.00	$100.00	Cuenta de Ahorros
Retiro	$72.00	$72.00	$0.00	Retiro de María
TOTAL AHORROS	**$272.00**	**$372.00**	**$100.00**	
GASTOS FIJOS				
Renta	$600.00	$600.00		Pago Automatico
Agua	$60.00	$65.00	($5.00)	Pago Automatico
Luz	$70.00	$75.00	($5.00)	Pago Automatico
Telefono	$40.00	$40.00		Pago Automatico
Internet	$40.00	$40.00		Pago Automatico
Netflix	$11.00	$11.00		Pago Automatico
Gas	$20.00	$22.00	($2.00)	Pago Automatico
GASTOS VARIABLES				
Comida	$400.00	$450.00	($50.00)	Efectivo
Diversion	$50.00	$0.00	$50.00	Efectivo
Perro	$50.00	$25.00	$25.00	Efectivo
Niñera	$80.00	$60.00	$20.00	Efectivo
Ropa	$50.00	$0.00	$50.00	Efectivo
Mantenimiento de la casa	$50.00	$20.00	$30.00	Efectivo
Ahorro para el carro	$100.00	$100.00	$0.00	Efectivo
Gasolina	$30.00	$0.00	$30.00	
TOTAL GASTOS (Fij + Var)	**$1,651.00**	**$1,508.00**	**$0.00**	
PAGOS DE CREDITO				
Tarjeta de Citi-Bank	$200.00	$200.00	$0.00	
Prestamo a maria	$100.00	$100.00	$0.00	
TOTAL PAGOS DE CREDITO	**$300.00**	**$300.00**	**$0.00**	
TOTAL INGRESOS - AHORROS - GASTOS - CREDITO				**$0.00**

www.ingramcontent.com/pod-product-compliance
Lightning Source LLC
Chambersburg PA
CBHW070410230526
45471CB00006B/2735